EDICT DV ROY,

PORTANT SVPPRESSION des Trente Vendeurs de Foin, Bois & Charbon à Paris, Et Imposition de douze deniers sur la busche, outre les anciens.

Verifié en la Cour des Aydes le 14. Ianuier 1634.

A PARIS,
Par P. METTAYER, A. ESTIENE,
Imprimeurs ordinaires
du Roy.
M. DCXXXIIII.
Auec Priuilege de sa Majesté.

OVIS PAR LA GRACE DE DIEV ROY DE FRANCE ET DE NAVARRE, A tous presens & à venir, Salut. Par nos Lettres de Declaration du vinge-huictiéme Ianuier dernier; Nous aurions ordonné que les Trente Offices de Maistres Visiteurs Vendeurs de bois à brusler, Merien & Eschalats, Foin & Charbon, en nostre bonne Ville de Paris, creez par Edict du feu Roy Henry III. du mois de Mars mil cinq cens quatre vingts trois en nostredite Ville, à l'instar des Vendeurs de Vin, Bestial & Marée, feussent establis : Et le Reglement par nous fait sur la vente & distribution desdites marchandises, & fonction desdits Offices du vingt-neufiesme Iuillet mil six cens vingt-huict executé. Mais voulans faire proceder a cét establissement nos tres-chers & bien amez les Preuost des Marchands & Escheuins de nostredite Ville, nous auroient fait plusieurs remonstrances, & representé qu'encores que cét eſtabliſſement apportaſt d'vn coſté quelque ſoulagement a aucuns de nos ſubiects il cauſeroit d'autre coſté vn plus grand mal en reſtreingnant la liberté du commerce que les Marchands ont touſiours eſtimé le plus precieux bien qu'ils ayent, Nous aſſeurans que pour la conſeruer, & nous des-intereſſer de la finance deſdits Offices ils payeroient plus volontiers quelque augmentation de nos droicts ſur leſdites marchandiſes : Leſquelles remonſtrances pluſieurs fois reïterées ayans eſté examinées en noſtre Conſeil ; Nous auons reſolu de nous relaſcher a leur ſupplication pour teſmoigner à nos ſubiects que leur contentement nous eſt plus cher que nos propres intereſts. A CES CAVSES ; De l'Aduis de noſtre Conſeil ou eſtoient les Princes de noſtre Sang, & principaux Officiers de noſtre Eſtat, & de noſtre plaine puiſſance & authorité Royale, Nous auons par le preſent Edict perpetuel & irreuocable reuoqué & reuoquons, tant noſdites Lettres de Declaration du vingt-huictieſme Ianuier dernier que ledit Edict du mois de Mars mil cinq cẽs quatre vingts trois, & noſtredit Reglement du vingt-neufieſme Iuillet mil ſix cens vingt-huict,

Et en ce faisant supprimé & supprimons lesdits Trente Offices de Maistres Visiteurs Vendeurs de bois a brusler, Merien, Eschalasts, Foin & Charbon en nostredite Ville. VOVLANS que ceux qui ont esté pourueus desdits Offices soient remboursez de la finance qu'ils en ont payée en nos parties Casuelles, ensemble de leurs frais & loyaux cousts, sans que cy-apres ils puissent estre restablis pour quelque cause & occasion que ce soit. Et pour pouruoir de fonds pour le remboursement desdits Officiers, & recompenser la perte que nous faisons en la suppression d'iceux, Nous auõs par le mesme nostre present Edict, dit, statué & ordonné, disons statuons & ordonnons, Que d'oresnauant à commencer du premier iour de Iuillet prochain, il sera pris & leué à nostre proffit sur tout le bois à brusler, bastir, merrien ouuré & a ouurer, qui s'amenera & vendra en nostredite Ville; Douze deniers pour liure du prix de ladite marchandise, outre les douze deniers anciens qui se leuent sur icelle : Lesquels Douze deniers nouueaux, Nous voulons estre perceus par ceux que nous y establirons, tout ainsi & en la mesme forme & maniere que lesdits anciens; Et qu'au payement d'iceux toutes perſonnes ſoient contrainctes par les voyes accouſtumées en tel cas: Pour ſur les deniers prouenans de ladite leuée & impoſition eſtre pris par preference, le rembourſement deſdits Trente Offices de Maiſtres Viſiteurs, Vendeurs de Foin, Bois & Charbon ſupprimez par le preſent Edict, Sans que iuſques apres ledit rembourſement leſdits deniers puiſſent eſtre employez a autres effects, pour quelque cauſe & occaſion que ce ſoit. SI DONNONS EN MANDEMENT à noſtre tres-cher & feal le ſieur Seguier, Cheualier Garde des Seaux de France, Que noſtre preſent Edict il face lire, publier en noſtre grande Chancellerie, le ſeau tenant & regiſtrer és Regiſtres de l'Audiance de France; Et a nos amez & feaux Conſeillers les Gens tenans noſtre Cour des Aydes à Paris, qu'ils le facent ſemblablement lire, publier & regiſtrer, & le contenu en iceluy garder & obſeruer ſelon ſa forme & teneur, ſans ſouffrir qu'il y ſoit contreuenu. MANDONS auſſi aux Preuoſt des Marchands & Eſcheuins de noſtredite Ville, de tenir la main à la leuée & perception deſdits droicts, & conſeruation de ceux que nous y eſtablirons: CAR tel eſt noſtre plaisir. Et afin que ce soit chose ferme & stable à tousiours, Nous auons fait mettre noste seel à ces presentes, sauf en autre chose nostre droict & l'autruy en toutes. DONNE' à Fontainebleau au mois de May, l'an de grace mil six cens trente-trois: Et de nostre regne le vingt-quatriesme. Signé, LOVIS. Et plus bas, Par le Roy, DELOMENIE. Et à costé VISA. Et seellées de cire verte, sur lacqs de soye rouge & verte. Et sur le reply est escrit:

Leu & publié le seau tenant, de l'Ordonnance de Monseigneur Seguier, Cheualier, Garde des Seaux de France, moy Conseiller du Roy en ses Conseils & Grand Audiancier de France present, & Registré és Registres de la Chancellerie de France. A Paris, le neufiesme iour de Iuillet mil six cens trente-trois.

Signé, *OLIER.*

Et encores sur ledit reply est escrit:

Registrées en la Cour des Aydes, du tres exprés commandement du Roy, plusieurs fois reiteré, de viue voix & par escrit, pour estre executées selon leur forme & teneur, suiuant & aux char-

ges portées par l'Arrest du iourd'huy. A Paris le quatorziesme iour de Ianuier, mil six cent trente-quatre.

Signé, *BOVCHER.*

EXTRAICT DES REGISTRES de la Cour des Aydes.

VEV par la Cour les Lettres Patentes du Roy en forme d'Edict, données à Fontainebleau, au mois de May mil six cens trente-trois, signées, LOVIS, & sur le reply, Par le Roy, DELOMENIE. Et à costé VISA. Et seellée de cire verte, sur lacqs de soye rouge & verte: Par lesquelles sa Maiesté de l'aduis de son Conseil, & de sa plaine puissance & auctorité Royale, auroit reuoqué, tant ses Lettres de Declaration du vingt-huictiesme Ianuier dernier, que L'Edict du mois de Mars mil cinq cens quatre vingts trois, & le Reglement du vingt-neufiesme Iuillet mil six cens vingt-huict, Et ce faisant supprimé les Trente Officiers de Maistres Visiteurs Vendeurs de Bois à brusler,

bruſler, merien, eſchalats, foin & charbon, en ceſte Ville de Paris, creez par ledit Edict du feu Roy Henry III. du mois de Mars mil cinq cens quatre vingts trois. Voulant que les pourueuz ſoient rembourſez de la finance qu'ils en ont payée aux parties Caſuelles, frais & loyaux couſts, ſans pouuoir eſtre reſtablis : Et pour pouruoir de fonds pour le rembourſement deſdits Trente Officiers : Sadite Maieſté auroit dit, ſtatué & ordonné, que d'oreſnauant à commencer du premier Iuillet de la preſente année, il ſoit pris & leué à ſon profit ſur tout le bois à bruſler, baſtir, merrien, ouuré & a ouurer, qui s'amenent & vendent en ceſte Ville, Douze deniers pour liure du prix de ladite marchandiſe, outre les douze deniers anciens qui ſe leuoient ſur icelle, pour eſtre perceus par ceux que ſadite Maieſté eſtabliroit, tout ainſi & en la meſme forme que leſdits anciens, & que au payement d'iceux toutes perſonnes ſeront contraincts par les voyes en tel cas accouſtumées, pour ſur les deniers de ladite leuée & impoſition eſtre pris par preference, ledit rembourſement deſdits Trente Officiers de Maiſtres Viſiteurs de foin, bois & charb on ſupprimez ſans que iuſques apres ledit rembourſemēt, leſdits deniers puiſſent eſtre employez à autres effects, pour quelque cauſe & occaſion que ce ſoit. Conclusions du Procureur General du Roy, & tout conſideré. LA Cour dit qu'elle ne peut entrer à la verification deſdites Lettres en forme d'Edict, Et ſupplie tres-humblement ſa Maieſté de l'en diſpenſer. Faict à Paris en la Cour des Aydes, le ſeizieſme iour de Septembre mil ſix cens trente-trois.

Signé, BOVCHER.

Premiere Iuſſion.

LOVIS par la grace de Dieu Roy de France & de Nauarre: A nos amez & feaux Conſeillers les Gens tenans noſtre Cour des Aydes à Paris, Salut. Par noſtre Edict du mois de May dernier, Nous aurions à la ſupplication de nos tres-chers & bien amez les Preuoſt des Marchands & Eſcheuins de noſtre bonne Ville de Paris,

& pour les considerations y contenuës, reuocqué nos Lettres de Declaration du dix-huictiéme Ianuier aussi dernier : Ensemble l'Edict du feu Roy Henry III. du mois de Mars mil cinq cens quatre vingts trois, Et le Reglement par nous fait en cõsequence, le vingt-neufiesme Iuin mil six cens vingt-huict, pour l'establissement des Trente Offices de Maistres Visiteurs Vendeurs de bois à brusler, merien, eschalats, foin & charbon, en nostre bonne Ville de Paris, creez par ledit Edict : Lesquels nous aurions en ce faisant supprimez ; Voulans que ceux qui ont esté pourueuz desdits Offices feussent rẽboursez de la finãce qu'ils en ont payée en nos parties Casuelles, Ensemble de leurs frais & loyaux cousts, sans que cy-apres ils puissent estre restablis, pour quelque cause & occasiõ que ce soit, Et pour pouruoir de fonds pour le remboursement desdits Officiers, & recompenser la perte que nous faisons en la suppression d'iceux, Nous aurions par nostre mesme Edict, ordonné que d'oresnauant à commencer du premier iour de Iuillet de la presente année, il seroit pris & leué à nostre proffit, sur tout le bois à brusler, bastir, merrien, ouuré & a ouurer, qui s'amenera & vendra en noſtredite Ville, Douze deniers pour liure du prix de ladite marchandiſe, outre les douze deniers anciens qui ſe leuent ſur icelles, pour eſtre leſdits douze deniers nouueaux, perceuz par ceux que nous y eſtablirons, tout ainſi & en la meſme forme & maniere que leſdits anciens; Et qu'au payement d'iceux toutes perſonnes y ſeroient contrainctes par les voyes accouſtumées en tel cas: Pour ſur les deniers de ladite leuée & impoſition eſtre pris par preference le rembourſement deſdits Offices ſupprimez, ſans que iuſques apres ledit rembourſement leſdits deniers puiſſent eſtre employez à autre effects, pour quelque cauſe & occaſion que ce ſoit, ainſi qu'il eſt plus amplement porté par noſtredit Edict: Lequel vous ayant eſté preſenté, Vous auriez par voſtre Arreſt du ſeizieſme iour de Septembre dernier declaré ne pouuoir entrer en la verification d'iceluy: Et d'autant qu'il eſt important pour le bien de noſtre ſeruice, & que noſtre intention eſt que noſtredit Edict ſoit executé ſelon ſa forme & teneur. A CES CAVSES & autres à ce nous mouuans; De l'Aduis de noſtre Conſeil, qui a veu voſtredit Arreſt; Nous voulons & vous mandons, Que sans vous y arrester, ny aux causes motifues d'iceluy, Vous ayez toutes affaires cessantes à proceder à l'enregistrement pur & simple dudit Edict, sans plus y apporter aucun refus ny difficulté, & sans attendre de Nous autre plus exprés commandement, que ces presentes, que nous voulons vous seruir de premiere & finale Iussion. Mandons à nostre Procureur General en nostredite Cour, de faire pour ce regard toutes requisitions necessaires, & nous certifier de ses diligences: CAR tel est nostre plaisir. Donné à Sainct Germain en Laye, le dix-septiesme iour de Nouembre, l'an de grace mil six cens trente-trois: Et de nostre regne le vingt-quatriesme. Signé, LOVIS. Et plus bas, Par le Roy, DELOMENIE. Et seellé du grand seau de cire jaune. Et à costé est escrit:

Registrées en la Cour des Aydes, du tres-exprés commandement du Roy, plusieurs fois reiteré, de viue voix & par escrit: pour estre executées selon leur forme & teneur, suiuant & aux charges portées par l'Arrest du iourd'huy. A Paris, le quatorziesme iour de Ianuier, l'an mil six cens trente-quatre.

Signé, *BOVCHER.*

EXTRAICT DES REGISTRES de la Cour des Aydes.

VEV par la Cour les Lettres pa-tẽtes du Roy en forme d'Edict, données à Fontaine-bleau au mois de May mil six cens trente trois, signées, Louis, & sur le reply, Par le Roy, Delomenie. Et à costé, Visa. Et seellées de cire verte sur lacs de soye rouge & verte. Par lesquelles sa Majesté de l'aduis de son Conseil, & de sa pleine puissance & authorité Royale, Auroit reuoqué tant ses Lettres de Declaration du vingthuictiéme iour de Ianuier dernier, que l'Edict du mois de Mars mil cinq cens quatre vingts trois, Et le Reglement du vingtneufiéme iour de Iuillet mil six cens vingthuict : Et en se faisant supprimé les Trente offices de Maistres Visiteurs Vendeurs de Bois à brusler, Merien, Eschalats. Foin & Charbon en ladite Ville de Paris. Voulans que les pourueus soiẽt remboursez de la finance qu'ils en ont payée aux Parties Casuelles, frais & loyaux, sans pouuoir estre restablis : Et pour pouruoir de fonds pour le remboursement desdits Trente Offices, sadite Majesté auroit statué & ordonné que doresnauant au premier iour de Iuillet de la presente année, il soit pris & leué à son profit sur tout le Bois à brusler, bastir, merien ouuré & à ouurer, qui s'amenent & vendent en ceste dite Ville, douze deniers pour liure de ladite Marchandise, Outre les douze deniers anciens qui se leuoient sur icelles, pour estre perçeus par ceux que sadite Majesté establiroit, tout ainsi & en la mesme forme que lesdits anciens : Et qu'au payement d'iceux toutes personnes seroient contraincts par les voyes en tel cas requises & accoustumées, Pour sur les deniers de ladite leuée & imposition estre pris par preference ledit remboursement desdits Trente Officiers de Maistres Visiteurs de Foin, Bois & Charbō supprimez, sans que iusques apres ledit remboursement lesdits deniers puissent estre diuertis ny employez à autres effects, pour quelque cause que ce soit. Arrest de ladite Cour du seiziéme iour de Septembre mil six cens trente trois ; Par lequel elle auroit dit qu'elle ne pouuoit entrer en la verification desdites Lettres en forme d'Edict, Et supplioit tres-humblemēt sa Majesté l'en vouloir dispenser. Lettres patentes du Roy en forme de Iussion, dõnées à S. Germain en Laye le dixseptiéme iour de Nouembre ensuiuant, signées, Louis, & plus bas, Par le Roy, Delomenie, & seellées du grand seau de cire iaune, Par lesquelles sadite Majesté mande à ladite Cour, que sans s'arrester audit Arrest ny aux causes motiues d'iceluy, elle ait toutes affaires cessantes de proceder à l'ẽregistrement pur & simple dudit Edict, sans y apporté aucune difficulté, ny attendre vn plus expres commandement. Conclusions du Procureur General du Roy, Tout consideré : LA COVR Dit, qu'elle ne peut entrer en la verification desdites Lettres, Et supplie tres-humblemẽt sa dite Majesté de l'en vouloir dispenser. Faict à Paris en la Cour des Aydes le vingtdeuxiéme iour de Decembre mil six cens trente trois.

Signé, BOVCHER.

Deuxiéme Jussion.

LOVIS PAR LA GRACE DE DIEV ROY DE FRANCE ET DE NAVARRE, A nos amez & feaux Conseillers les gens tenans nostre Cour des Aydes à Paris, Salut.

Nous

Nous vous auons addressé nos Lettres de Iussion le dixseptiéme Nouembre dernier, pour proceder à l'enregistrement de nostre Edict du mois de May precedent, Portant suppression des Offices de Maistres Visiteurs, vendeurs de Bois à brusler, Merien Eschalats, Foin & Charbon en nostre Ville de Paris, & Imposition de douze deniers pour liure du prix desdites Marchandises qui seroient vendües en nostredite Ville, pour faire le fonds du remboursement desdits Offices supprimez, Esperans que vous n'apporteriez plus aucune difficulté à ladite verification, apres vous auoir fait entendre les iustes considerations qui nous auoient meu de faire ladite suppression. Et commandé mesmes de nostre propre bouche de nous rendre ce seruice, Mais au lieu de receuoir la satisfaction que nous attendions de vous en ceste occasion, Vous auez percisté dans vostre premier refuz, sans en desduire les raisons. Et d'autant que nostre seul dessein en supprimant lesdits Offices n'a esté que de rendre plus libre le Commerce & la Vente desdites marchandises au soulagement des Bourgeois & Habitãs de nostredite Ville, Nous auõs resolu de leur en faire ressentir l'effet,

A Ces cavses De l'aduis de noſtre Conſeil, Et de noſtre propre mouuement, plaine puiſſance & authorité Royale, Nous vous mandons & ordonnons par ces preſentes ſignees de noſtre main, qui vous seruiront du plus expres & abſolu commandement que vous pourriez attendre de nous ſur ce ſubiect, Que vous ayez tous affaires ceſſans à proceder à l'enregiſtrement pur & ſimple de noſtredit Edict du mois de May, ſans plus vſer de remiſe, reſtrinction modiffication ny difficulté, Nonobſtant & ſans vous arreſter à vos Arreſts de reffuz des 16. Septembre & 22. Decembre dernier, Cauſes motiues d'iceux, Et toutes les remonſtrances que vous nous pourriez faire pour ce regard, Leſquelles nous tenõs des à preſent pour faictes & entendues. Car tel eſt noſtre plaiſir. Enjoignons tres-expreſſement à noſtre Procureur General de faire pour ce toutes les inſtances neceſſaires, & nous certifier de ſes diligences, à peine d'en reſpondre en ſon propre & priué nom. Donné a Paris le vingtſixeſme iour de Decembre l'an de grace mil ſix cens trente trois, & de noſtre Regne le vingtquatrieſme. Signé, LOVIS. Et plus bas, Par le Roy, Delomenie. Et ſeellé au grand seau sur simple queue de cire iaune.

Registrées en la Cour des Aydes, du tres-expres Commandement du Roy plusieurs fois reiteré de viue voix & par escrit, pour estre executée, selon leur forme & teneur, suiuans & aux charges portées par l'Arrest, du iourd'huy à Paris, le quatorziesme iour de Ianuier l'an mil six cens trente-quatre.

Signé BOVCHER

EXTRAICT DES REGISTES de la Cour des Aydes.

VEu par la Cour les lettres patentes du Roy en forme d'Edict, données à Fontainebleau au mois de May, mil six cens trente trois, signees, LOVIS, & sur le reply par le Roy, DE LOMENIE, & à costé, Visa, & seellees de cire verte sur lacs de soye rouge & verte, Par lesquelles sa Majesté de l'aduis de son Cõseil: Et de sa pleine puissance & auctorité Royale, auroit reuocqué tant ses lettres de Declaration du vingt-huictiesme iour de Ianuier dernier, qu'Edict du mois de Mars mil cinq cens quatre vingts trois, Et le Reglement du vingt-neufiesme iour de Iuillet, mil six cens vingt-huict: Et en ce faisant supprimé les Trente offices des Maistres Visiteurs, Vendeurs de Bois a brusler Merien, Eschalats, Foin & Charbon en ladite Ville de Paris, Voulant que les pourueus soient remboursez de la Finance qu'ils en ont payez aux parties Casuelles, fraiz, & loyaux coustz, sans pouuoir estre restabliz, & pour pouruoir de fonds pour le remboursement desdits trente Offices, sadite Majesté auroit statué, & ordonné que doresnauant au premier iour de Iuillet de la presente année, Il soit pris & leué à son proffit sur tous les Bois à brusler, bastir Merien ouuré, & à ouurer qui s'amenent & vẽdent en cette dite Ville, douze deniers pour liure de ladite Marchandise, outre les douze deniers anciens qui se leuoient sur icelles, pour estre perçeuz par ceux que sa Majesté establiroit, tout ainsi & en la mesme forme que lesdits anciens, & qu'au payement d'iceux toutes personnes seroiẽt contrainctes par les voyes en tel cas acquises & accoustumees, pour sur les deniers de ladite leuée & imposition, estre perçeus, & pris par preference ledit remboursement desdits trente Offices de Maistres Visiteurs de Foin, Bois, & Charbon, supprimez, sans que iusques apres ledit remboursement, lesdits deniers puissent estre diuertis ny emploiez à autre effect, pour quelque cause que ce soit. Arrests de ladite Cour du seiziesme iour de Septembre mil six cens trente-trois, Par lequel elle auroit dict, qu'elle ne pouuoit entrer en la verificatiō desdites lettres en forme d'Edict, & supplioit tres-humblement sa Majesté l'en dispenser. Lettres Patentes de sadite Majesté en forme de Iussion données à S. Germain en Laye, le dixseptiesme iour de Nouembre en suiuant, signees, LOVIS, & plus bas par le Roy, de Lomenie, & seellées du grand seau de cire jaulne, Par lesquelles sadite Majesté, mande à ladite Cour, que sans s'arrester audit Arrest n'y aux causes motiues d'iceluy, elle ait à proceder à l'ēregistremēt pur & simple dudit Edict, sans y apporter aucune difficulté, Ny attendre vn plus expres commandement. Autre Arrest de ladite Cour, du vingt-deuxiesme iour de Decembre audit an, par lequel elle auroit dit ne pouuoir entrer en la verification desdites Lettres, & supplioit tres-humblement sa Majesté l'en dispenser. Autres Lettres Patentes de ſadite Majeſté en forme de Iuſſion, donnees à Paris le vingtſixieſme iour dudit mois audit an, ſignées. Lovis, & plus bas, Par le Roy, de Lomenie, & ſeellees du grãd ſeau de ſire jaune, Par leſquelles ſadite Majeſté mãde à ladite Cour, cõme qu'elle ait a proceder à l'enregiſtrement pur & ſimple dudit Edict, ſans plus vſer de remiſe, reſtrinction, modification: Et ſans attendre vn plus expres commandement de ſadite Majeſté, & ſans s'arreſter auſdits Arreſts de refus cy deſſus exprimez. Concluſions du Procureur general du Roy tout conſideré LA COVR, dict qu'elle ne peut entrer en la verification deſdites Lettres en forme d'Edict, & de Iuſſion, & ſupplie tres-humblement ſa Majeſté de l'en excuſer. FAIT A PARIS en la Cour des Aydes le trente-vnieſme iour de Decembre mil ſix cens trente trois.

Signé, BOVCHER.

Troisiesme Jussion.

LOVIS par la grace de Dieu Roy de France & de Nauarre, A nos amez & feaux Cõseillers les gens tenans nostre Cour des Aydes à Paris, Salut. Par nos Lettres Patẽtes, en forme de Iussion des 17. Nouembre, & 26. Decembre dernier, Nous vous auons amplement desduit les raisons, & considerations qui ont donné lieu à nostre Edict du mois de May precedent, Portant suppression des Offices de Visiteurs & Vendeurs de Bois à bastir, Merien, Eschalats, Foin & Charbon, qui se consumme en nostredite Ville de Paris, dont l'establissement, estoit si à charge au public, & à la liberté du Commerce, que nous auons receu diuerses fois des remonstrances des Preuost des Marchands & Escheuins de de ladite Ville, pour la suppression d'iceux: Mais la necessité de nos affaires ne nous permettant pas de pouruoir des deniers de nostre Espargne au remboursement de la finance par eux payée. Nous auons ordonné l'imposition du sol pour liure, du prix desdits bois comme le moyen le plus prompt & le plus doux de tous ceux qui nous ont esté proposez, Neantmoins les reffuz, longueurs & difficultés que vous auez apportées à l'enregistrement de nostre dit Edict, ont iusques icy retardé l'effect de ladite suppression, & obligent les pourueuz desdits Offices, de continuer l'exercice de leurs charges, & par ainsi vous priuez nos subiects de ce soulagement qu'ils ont si instamment demandé contre nostre intention, & les commandemens que nous vous auons faits, tant par nos. Lettres Patentes, que de viue voix sur ce subject, A CES CAVSES : De l'aduis de nostre Conseil, & de nostre propre mouuement, plaine puissãce & authorité Royale, Nous vous mandons, ordonnons, & tres-expressement enjoignons pour la troisiesme & derniere fois, que vous ayez tous affaires cessans à proceder à l'enregistrement pur & simple de nostre Edict du mois de May, 1633. purement & simplement, sans aucune modification restrinction, ny difficulté: NONOBSTÃT toutes les remõstrãces que vous nous pourriez faire sur ce subject, que nous tenons

tenons dés à present pour entenduës, Vos Arrests de reffuz des 16. Septembre, 22. & 31. Decembre dernier que nous auons cassez & annullez, & toutes choses à ce contraires. Car tel est nostre plaisir, enjoignõs à nostre Procureur general, de continuer ses diligences pour ce necessaires, à peine d'en respondre en son propre & priué nom. Donné à S. Germain en Laye, le deuxiesme iour de Ianuier, l'an de grace mil six cens trente quatre, & de nostre regne le le vingtquatriesme. Signé, LOVIS. Et plus bas, Par le Roy, DELOMENIE. Et seellé du grand seau sur simple queuë de cire jaune.

Registrées en la Cour des Aydes, du tres expers cõmandement du Roy plusieurs fois reiteré de viue voix & par escrit, pour estre executées selõ leur forme & teneur, suiuant & aux charges portées par l'Arrest donné du iourd'huy. A Paris le quatorziesme iour de Ianuier l'an mil six cens trente quatre.

Signé BOVCHER,

EXTRAICT DES REGISTRES de la Cour des Aydes.

VEV par la Cour les Lettres patentes du Roy en forme d'Edict, données à Fontainebleau au mois de May mil six cens trente-trois, signées, LOVIS, Et sur le reply, Par le Roy, DE LOMENIE. Et seellées du grand seel de cire verte, sur lacqs de soye rouge & verte: Par lesquelles & pour les causes y contenuës: Sa Maiesté de l'aduis de son Conseil, auroit supprimé les Trente Offices de Maistres Visiteurs Vẽdeurs de bois à brusler, merrain, eschalats, foin & charbon, en ceste Ville de Paris; Voulant que les pourueuz desdits Offices soient remboursez de la finance qu'ils en ont payée en ses parties Casuelles: Ensemble de leurs frais & loyaux cousts, sans que cy apres ils puissent estre restablis pour quelque cause & occasion que ce soit. Et pour pouruoir de fonds pour le remboursement desdits Offices, & recompenser la perte que sa Maiesté fait en la suppression d'iceux; Elle auroit statué & ordonné par ledit Edict que d'oresnauant, à commencer du premier de Iuillet audit an, il seroit pris & leué à son proffit sur tout ledit bois à brusler, bastir, merrain, ouuré & à ouurer, qui s'amenera & vendra en cestedite ville, Douze deniers pour liure du prix de ladite marchandise, outre les douze deniers anciens qui se leue sur icelle, Lesquels Douze deniers nouueaux, sadite Maiesté veut estre perçeuz par ceux qu'elle y establira, tout ainsi & en la mesme forme & maniere que lesdits anciens : Et qu'au payement d'iceux toutes personnes y seroient contrainctes par les voyes accoustumées, Pour sur les deniers prouenans de ladite leuée & imposition, estre pris par preference, le remboursement desdits Trente Officiers : ainsi que plus au long le contient ledit Edict. Arrest de ladite Cour du seiziesme iour de Septembre audit an ; Par lequel elle auroit dit ne pouuoir entrer en la verification dudit Edict, & supplioit tres-humblement sa Maiesté l'en dispenser. Autres Lettres patentes de sa Maiesté en forme de Iussion: Par lesquelles est mandé à icelle Cour, que sans s'arrester audit Arrest, ny aux causes motifues d'iceluy, elle eust toutes affaires cessantes à proceder à l'enregistrement pur & simple dudit Edict, sans plus y apporter aucun refus, ny difficulté, & sans attendre autre plus exprés commandement, ainsi que plus au long le contiennent lesdites Lettres de Iussion, signées, Louis, Et plus bas, Par le Roy, Delomenie, & seellées sur simple queuë, du grand seel de cire iaune. Arrest de ladite Cour du vingt-deuxiesme Decembre audit an mil six cens trente-trois : Par lequel elle dit ne pouuoir entrer en la verification desdites Lettres, & supplie tres-humblement sadite Maiesté l'en vouloir dispenser. Autres Lettres patentes de sadite Maiesté en forme de Iussion, données à Paris le vingt-sixiesme Decembre ensuiuãt, aussi signées, Louis, & plus bas, Par le Roy, Delomenie, Et seellées dudit grand seel, sur simple queuë de cire iaune : Par lesquelles est encores mandé à ladite Cour qu'elle eust tous affaires cessans, à procedder à l'enregistrement pur & simple dudit Edict du mois de May, sans plus vser de remise, restriction, modiffication ny difficulté, nonobstant & sans s'arrester à ses Arrests de refus, des seize Septembre & vingt-deuxiesme Decembre dernier, causes motifues d'iceux, & toutes remonstrances qu'elle pourroit faire à sa Maiesté pour ce regard, lesquelles elle auroit deslors tenuës pour faictes & entenduës. Arrest de ladite Cour du trente-vniesme dudit mois de Decembre : Par lequel elle auroit dit ne pouuoir entrer en la verification desdites Lettres en forme d'Edict & de Iussion. Autres Lettres patentes du Roy en forme de Iussion données à Sainct Germain en Laye, le deuxiesme Ianuier mil six cens trente-quatre, signées Louis, Et plus bas, Par le Roy, Delomenie, Et seellées du grand seel de cire iaune : Par lesquelles est mandé à ladite Cour qu'elle eust tous affaires cessans à proceder à l'enregistrement pur & simple dudit Edict du mois de May mil six cens trente-trois, purement & simplement, sans aucune modiffication, restriction ny difficulté ; Nonobstant toutes les remonstrances qu'elle pourroit faire à sa Maiesté sur ce subiect, qu'elle auroit tenuës deslors pour entenduës, Et lesdits Arrests de refus des seize Septembre, vingt-deux & trente vniesme Decembre derniers qu'elle auroit cassez & annullez, & toutes choses à ce contraires. Conclusions du Procureur General du Roy, Le tout veu & consideré ; LA COVR, du tres-exprés commandement du Roy par plusieurs fois reïteré, de viue voix & par escrit, A ordõné & ordonne, Que lesdites Lettres en forme d'Edict, seront registrées au Greffe d'icelle pour estre executées selõ leur forme & teneur: A la charge que ledit droict ne se pourra leuer que sur le bois qui paye l'ancien droict, & du iour du present Arrest, sans que les deniers puissent estre employez à autre effect qu'au remboursement desdits Trente Offices de Visiteurs & vendeurs de bois, Et que les proprietaires desdits Offices n'ayent esté actuellemẽt remboursez du sort principal de leurs finances, frais & loyaux cousts, suiuant la liquidatiõ qui en sera faicte par les Commissaires qui seront à ce deputez par sa Maiesté; Et que les procez & differents qui interuiendront en execution dudit Edict, seront iugez en premiere instance pardeuant les Esleuz, Et par appel en ladite Cour. Faict à Paris en la Cour des Aydes, le quatorziesme iour de Ianuier mil six cens trente-quatre.

Signé, BOVCHER.

Collationné aux Originaux, par moy Conseiller & Secretaire du Roy, & de ses Finances.

www.ingramcontent.com/pod-product-compliance
Ingram Content Group UK Ltd.
Pitfield, Milton Keynes, MK11 3LW, UK
UKHW020224180726
13838UKWH00005B/2169